LAS FOTOS DEL PARAÍSO

LAS FOTOS DEL PARAÍSO

Morgana Vargas Llosa

Texto de Mauricio Bonnett

ALFAGUARA

© 2003, Morgana Vargas Llosa
© De esta edición:
    2003, Santillana Ediciones Generales, S. L.
    Torrelaguna, 60. 28043 Madrid
    Teléfono 91 744 90 60
    Telefax 91 744 92 24
    www.alfaguara.com

ISBN: 84-204-6561-5
Depósito legal: M. 4.525-2003

© Diseño de cubierta:
    María Jesús Gutiérrez

© Fotografías de cubierta:
    Morgana Vargas Llosa

© Edición gráfica:
    Paca Arceo

ÍNDICE

A Nicolás

Agradezco a mis amigos Fietta, Fiorella,
Vero, Gorka, Mariel y Mauricio;
a quienes me ayudaron durante los viajes,
en particular a los hospitalarios marquesinos,
y muy especialmente a mi padre, por su paciencia.

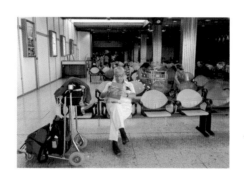

GAUGUIN EN EL PACÍFICO.
LAS ISLAS MARQUESAS

Las Marquesas quedan literalmente en el fin del mundo. Perdidas en el centro del océano Pacífico, son las islas más alejadas de las grandes masas continentales. Recónditas y austeras, carecen del esplendor coralino y de las arenas de talco de otras islas del Pacífico: su belleza es montaraz y nada sentimental. Es su aislamiento lo que ha atraído a aventureros, soñadores y rufianes a través de los siglos. A Gauguin, que era un poco de todo eso, y a Mario Vargas Llosa, que venía a revivir su historia.

El viaje hasta Tahití duró doce horas. Después de una breve y atolondrada parada en Papeete, partimos por fin hacia Hiva Oa, la isla marquesina donde murió Gauguin, en un turbohélice demorón y dubitativo. Volaba bajo y gran parte de las cuatro horas de viaje nos la pasamos saltando de ventana en ventana tratando de no perdernos los gloriosos atolones multicolores que se deslizaban bajo el avión. Sólo Patricia y Mario permanecieron ecuánimes, enterrados la una en fotocopias de los periódicos españoles y el otro en un acezante tratado feminista contra Gauguin.

Pero cuando empezamos a sobrevolar Hiva Oa la euforia dio paso al terror. Al principio nos regodeamos en la visión aérea de la isla, con sus costas agrestes y sus imponentes montañas

Lectura sobre las nubes marquesinas.

Sobrevolando Hiva Oa.

Recibimiento en el Paraíso.

Descubriendo Hiva Oa.

tupidas de vegetación. Pero poco a poco empezamos a notar que las costas y los cerros se repetían con misteriosa regularidad y que sobrevolábamos una y otra vez una larga franja de concreto que no podía ser otra cosa sino el aeropuerto de Atuona. La azafata, una hermosa y espigada maorí, también entraba y salía de la cabina del piloto sin cesar. Mario, que por fin había dejado a un lado la diatriba feminista, se atrevió a preguntarle por qué nos demorábamos tanto en aterrizar. La respuesta nos dejó más aterrados que antes: «Es el último viaje del piloto; le está diciendo adiós a la isla». Mario la miró con una sonrisa espantada y apenas alcanzó a mascullar: «¡Y cree que con eso me tranquiliza!».

De ahí en adelante, mientras descendíamos, no nos quedó ninguna duda de que el piloto había decidido culminar su gran carrera de aeronauta provincial estrellándose contra uno de los cerros de Hiva Oa. Seguramente tratando de espantar la muerte, entramos en un paroxismo colectivo de humor negro que nos hacía llorar de la risa mientras el avión se zangoloteaba como una hoja seca en medio de los descontrolados vientos del Pacífico. Cuando por fin aterrizamos, sudorosos del pavor y de risa, no podíamos creer que estábamos vivos. Abajo nos esperaban los hospitalarios marquesinos con bellas guirnaldas de flores.

LOS ÚLTIMOS DÍAS DE GAUGUIN

22   Certificado de defunción de Gauguin.

24

A solas con Gauguin.

Agradecidos de sobrevivir al vuelo, optamos por no decirles que sus aromas exóticos nos estaban sofocando y reviviendo alergias adormecidas desde la niñez.

Después de una noche reparadora emprendimos por fin la investigación en Atuona, la diminuta capital de Hiva Oa.

La ciudad (si es que así se le puede llamar a esta desvertebrada colección de casas), al contrario de las del resto del mundo, se ha ido reduciendo con el paso de los años. Rodeada por un paisaje deslumbrante, su falta de carácter y cohesión es casi admirable. Sólo unos pocos edificios mantienen una dignidad antigua, como la simple pero elegante tienda de Ben Varney (llamada ahora, con sintomática falta de originalidad, Magasin Gauguin), donde Mario exigió comprar algo aunque fuera simbólico.

Un melodramático aguacero tropical nos acompañó a la alcaldía (que queda a pocos pasos de la Bahía de los Traidores, donde desembarcó Gauguin), en la que aún se guarda, amarillenta y mordida de humedad, el acta de defunción del pintor. Miramos con una mezcla de reverencia y de mórbida curiosidad las firmas de Tioka, el vecino y gran amigo de Gauguin, y la de su último adversario, el gendarme Claverie, que hizo imposibles sus días finales.

Misión católica, Hiva Oa.

Pero fue en su tumba, a un centenar de metros de la alcaldía, donde nos dimos cuenta de lo lejos que había ido a parar Gauguin. A pesar del mito que se ha creado alrededor de su figura, y de que los isleños viven de él y para él, éramos los únicos allí.

Los restos de Gauguin fueron enterrados, contra su voluntad, en el cementerio católico. El arzobispo Martin, su Némesis, secuestró el cadáver y lo enterró bajo un árbol del pan la misma noche de su muerte. Como todos los cementerios provinciales, el de Atuona tiene un aire decrépito y melancólico, pero se levanta sobre un alto cerro que mira a la magnífica Bahía de los Traidores, y su aire sin pájaros produce una paz luminosa. La tumba de Gauguin, coronada por una reproducción de la estatua de Oviri, es colorida y caprichosa y, para ser sinceros, más bien fea. Mario depositó una flor ritual a los pies de la tumba y, mientras nosotros deambulábamos entre las lápidas marchitas, se sentó a tomar notas con esa máscara de infinita concentración y pocos amigos que asume cuando escribe.

Con Tánatos ya habíamos cumplido. Ahora nos tocaba cumplir con Eros, y dónde mejor que en la misión católica a la que Gauguin, con su pasión febril por las adolescentes, había

Mario con el cura, el alcalde y la directora de la misión católica, Hiva Oa.

Las niñas de Gauguin.

saqueado más de una vez. Allí estaban todavía, idénticas, con sus facciones a un tiempo toscas y frágiles, muchas de ellas tan bellas como Teha'amana o Tohotama, otras dejando ya ver los primeros asomos de esa obesidad asesina que está haciendo estragos en las islas. Sin embargo era difícil reconocer en estas niñas patológicamente tímidas, inhibidas hasta el tuétano por la religión católica, a las muchachitas impúdicas que visitaban al pintor en la Casa del Placer para ver sus fotos pornográficas mientras éste las manoseaba. Ahora huían de las cámaras como del diablo y se encogían como larvas ante los fallidos intentos de conversación de Mario.

Al día siguiente visitamos el remoto lugar donde Gauguin, ya delirante de sífilis, había comprado una niña como ellas, Vaeoho, su última mujer. Bordeamos la isla en una lancha a motor que trepaba las altas olas sin dificultad pero con gran estruendo. Mario, que en su juventud quiso —como Gauguin— ser marino, se sentía en su elemento, oteando la costa rugosa en busca de cabras salvajes, y saciando su curiosidad incansable con Guy Garonne, un fino ciudadano francés retirado en Atuona, y Louis Frébault, un noble gigante a quien bautizamos Posidón por su figura ciclópea y su agreste barba ensortijada. Patricia,

Cuidando los jardines de la misión.

entre tanto, se había sentado en el lugar más resguardado de la lancha, rígida como una estatua de sal, con los ojos fijos en la quietud del horizonte, tratando de mantener a raya los mareos que la acosan siempre en alta mar.

Llegar a la costa fue casi tan difícil como aterrizar en la isla. Nos acomodaron en unos botes crujientes que tres marineros maoríes y el mismísimo Posidón sostenían para que no se los trágara el mar. Eso no impidió que nos mojáramos hasta la médula antes de desembarcar a saltos en la playa rocosa.

Paul Theroux dice que, a excepción de Guatemala y Belice, jamás ha visto tanta ruina devorada por la jungla como en Hiva Oa. Las de este pueblo eran recientes, pero la Naturaleza ya las había reclamado sin remedio. La única estructura que permanecía en pie era el cascarón dilapidado de una iglesia en cuyo interior crecía, árbol por árbol, un bosque entero. En los nichos todavía se erguían dos estatuas de santos, por cuyos ojos huecos desfilaba un ejército de hormigas.

Eso era todo. Sin embargo hasta allí había llegado Gauguin, medio loco, lisiado por pústulas sanguinolentas y fétidas, pero todavía sediento de mujer. Allí había comprado a la pobre Vaeoho, de trece años, con la que tuvo un hijo y con la que vivió

El Paraíso.

Descubriendo el Paraíso.

hasta que ella no pudo resistir la pestilencia y el asco, y volvió como pudo a casa de sus padres.

Antes de partir, uno de los marineros se trepó a una palmera gigantesca y cortó unos cocos verdes cuya agua refrescante y blanca bebimos mientras Posidón, reviviendo un antiguo y poco saludable ritual maorí, levantaba ante nuestros abismados ojos una piedra negra y pulida como un huevo de acero que ninguno de nosotros pudo ni siquiera mover.

Emprendimos el viaje de regreso por un mar artero. Sólo los maoríes y Mario sobrevivieron intactos al frenético zangoloteo. Los demás, perdidos en un mareo arenoso, a duras penas pudimos conservar el agua de coco en nuestro organismo.

Al tercer día hicimos un viaje al otro extremo de la isla en busca de las bisnietas y tataranietos de Vaeoho: los descendientes maoríes de Gauguin.

La camioneta en que viajábamos era un elemento incongruente en ese paisaje primordial en el que la mano del hombre apenas había dejado huella. Tan poca huella había dejado, que la memoria del cuerpo todavía resiente los remezones y sacudidas, los saltos y conmociones a los que fuimos sometidos. Eso por no hablar de la tierra roja que se metía por todos los resquicios,

Posidón.

Mario con Posidón y Guy navegando al pueblo de Vaeoho.

Posidón reviviendo un rito de bienvenida maorí.

La iglesia en el bosque.

La hora del refresco.

irritaba los ojos y que seguramente ha dejado para siempre su duro sedimento en nuestros pulmones.

Finalmente llegamos a una tiendecita humilde, asfixiada por el polvo y la vegetación. Afuera, sola bajo un cobertizo de lata, en una crujiente banquita de madera corroída por el tiempo y el salitre, estaba sentada, con las piernas abiertas contra el calor, una mujer descomunal. Fumaba con codicia un diminuto cigarrillo en un estado de magnífica lasitud. Daba la impresión de haber estado siempre allí, como una roca o una montaña, imperturbable y antigua. Era Suzanne Takao, una de las bisnietas de Gauguin. Hablaba sólo un maorí estridente, y en sus gestos se mezclaban la timidez y un sonoro desparpajo. Reía con facilidad, pero le era difícil sostener la mirada, y contestaba a las preguntas que Mario le hacía a través de Posidón como si le estuviera hablando al viento. Al poco tiempo llegaron sus hermanas, Marie-Louise, la mayor, con el rostro dulce iluminado por su mejor pareo y su cartera nueva, e Irene, la más joven y delgada, silenciosa y segura de sí misma, rodeada por una nube de hijos y nietos.

Estas mujeres, dóciles y afables, encarnan sin embargo una injusticia secular. Mientras los descendientes daneses del pintor

El reposo del escritor.

La tienda de Ben Varney.

Habitantes de Atuona, Hiva Oa.

Camino a Hanaupe.

En búsqueda de las bisnietas de Gauguin y Vaeoho.

—herederos de Mette, la mujer que Gauguin abandonó y olvidó para siempre en su egocéntrica búsqueda del Paraíso— disfrutan hasta ahora de su fama póstuma, estas mujeres viven en una ignorancia que algunos quieren ver como edénica, pero que en realidad no es más que una secuela virulenta de la explotación a la que han sido sometidos los marquesinos desde que fueron colonizados.

Aunque nadie en las Marquesas sufre los rigores de la miseria como la conocemos en América Latina, también es cierto que Suzanne, Irene y Marie-Louise, a pesar de los secretos horrores que debió padecer Vaeoho, viven una existencia elemental, sin el más mínimo lujo, inocentes de las cifras millonarias que los cuadros de Gauguin alcanzan en las salas de subasta.

Lo maravilloso y lo terrible es que no sienten rencor. Perdidas en la mitad del Pacífico interminable, no saben lo que es un museo, o una galería, o una subasta. Como el Averroes de Borges que trataba en vano de entender la *Poética* de Aristóteles sin haber visto jamás un escenario, Suzanne, Irene y Marie-Louise hablan de Gauguin a sus visitantes ocasionales sin realmente saber quién era. Esa ignorancia de alguna manera las protege de la injusticia, pero no por eso la injusticia es menor.

Marie-Louise, la bisnieta.

Descendientes de Gauguin.

El beso robado.

Esa misma tarde, no muy lejos de allí, en una casa fresca rodeada de árboles floridos, comimos por primera vez una comida decente.

Si no se alejan de la ruta turística, los visitantes de Hiva Oa tienen que padecer, a precio parisino, una dieta de comidas babosas e insípidas, descongeladas a la fuerza para el consumo inmediato. En esta casa remota descubrimos, sin embargo, que los isleños pueden alimentarse bien. La comida, simple pero sabrosa, gira alrededor del coco, el banano, el fruto del árbol del pan y una diversidad de tubérculos. Las cabras salvajes y el cerdo son más importantes que el pescado, que no abunda en esos mares cálidos y poco profundos.

Lo único que amenazó el almuerzo fue un vino que —seguramente debido al calor canicular— parecía haberse fermentado dos o tres veces en la botella, y aunque todavía preservaba una apariencia similar a la del líquido aterciopelado que todos conocemos y disfrutamos, se había transubstanciado en un cítrico aguarrás, con el que hubiésemos podido limpiar el salitre de las paredes. Sin embargo, en estas lejanías, conseguir vino es casi un milagro y hubiese sido de pésimo gusto haberlo rechazado.

61

Suzanne, la bisnieta.

Una hora más tarde, paralizados por una resaca siniestra, paramos a ver las antiquísimas ruinas maoríes que Gauguin siempre buscó pero que debido a su turbia salud nunca llegó a ver. Los Tikis, con su silencio de siglos, se erguían magníficos en un claro del bosque, y nosotros, embrutecidos por aquel vino mortal y desvanecidos por el sol, nos dejamos caer a sus pies. La cara de Mario en la foto no es quizás, como parece, la de un hombre conmovido ante esa reliquia de una cultura extinta, sino la de alguien que se debate contra un terrible malestar.

Al día siguiente, ya recuperados, tuvimos uno de los encuentros más fascinantes del viaje. Desde que llegamos a las islas habíamos estado obsesionados por hablar con un mahu, los hombres-mujeres que tanto fascinaron a Gauguin y que aparecen con regularidad en sus pinturas más misteriosas. Cuál no sería nuestra dicha cuando nos enteramos de que uno de ellos trabajaba en la cocina del hotel.

Teriki era alto, de pies toscos y brazos fuertes, pero dotado de una auténtica gracia femenina que se materializaba en su ondulante cabello coronado por una coqueta flor. Exhibicionista y exuberante, no tuvo el más mínimo reparo en conversar con nosotros y en posar (e incluso en bailar) para las cámaras.

La mesa de Hiva Oa.

64

Descendientes de Gauguin.

Hablando con Mario, nos confirmó que los mahus son y siempre han sido parte integral de la cultura maorí, donde en alguna época se les consideró sagrados. Nunca ha habido ningún tipo de estigma contra ellos, y a pesar de los esfuerzos represivos de los misioneros, jamás desaparecieron. Hoy en día todavía florecen a lo largo y ancho de la Polinesia.

Sin embargo, como lo pudimos comprobar días más tarde en Tahití, la cultura occidental ya ha sembrado su nociva influencia entre los mahus, rebajándolos a meros travestis y empujándolos a la prostitución. Sólo en las islas más remotas preservan su naturaleza original, pero en las principales han sucumbido a la tentación de la silicona y el disfraz.

Si la invasión occidental ha desatado múltiples catástrofes también ha dejado una herencia curiosa y fascinante: los caballos salvajes, que abundaban en la época de Gauguin, pero que ahora son difíciles de encontrar. Los nativos aún los doman, pero los usan poco: el automóvil y las motos los han ido reemplazando paulatinamente. Sin embargo tuvimos la fortuna de encontrar un grupo de jinetes galopando a pelo entre las olas. Era como si esos cuadros hípicos que Gauguin pintó al final de su vida, inspirado por el recuerdo fantasmal de Degas, hubieran

Después del almuerzo (con Tiki).

Teriki, el mahu de Hiva Oa.

Caballos en el mar.

El Jinete.

tomado vida. Sólo que aquí, en el mundo real, la arena no era rosa, ni el mar verde, ni los caballos escarlata. Pero estos jinetes compartían con los de Gauguin una rara majestuosidad salvaje que por lo visto aún no ha logrado desaparecer.

Tampoco ha desaparecido del todo el tatuaje. Gauguin, asfixiado por los burócratas y delirante de fiebres venéreas en Tahití, soñaba con los inexistentes caníbales tatuados de las Marquesas, hombres feroces y oscuros cubiertos de pies a cabeza en jeroglíficos de tinta. Hasta el final preservó la esperanza de encontrar uno, aunque la evidencia demostraba que la civilización occidental hacía muchos años los había extirpado de la faz de la tierra.

Aunque ya pocos se tatúan en las Marquesas y muchos de los diseños originales han dado paso a más pedestres ilustraciones realistas, de vez en cuando se encuentran ejemplos espléndidos en los que intrincadas filigranas de tinta representan mitologías casi olvidadas. Los tatuajes quizás hayan perdido su magia y su misterio, su valor ritual y su simbología ancestral, pero es imposible sustraerse a su extraña y perturbadora belleza.

Nuestra estadía en las Marquesas terminó con una fiesta pantagruélica organizada por el alcalde de Atuona en una playa

Jinetes en la Bahía de los Traidores.

desierta. El plato fuerte era un asado, muy similar a la pachamanca peruana, en la que vegetales de todo tipo, bananas, pescado y un cerdo completo se cocinan en un agujero excavado en la arena.

Los pescados, unas criaturas centelleantes y escurridizas que navegan entre las rocas vecinas a la playa, eran atrapados por corrillos de niños que se los pasaban a sus padres para que éstos los limpiaran y descabezaran. El intestino, una especie de gusano coralino, se come crudo y es muy apreciado por los nativos. Josette, la esposa de Guy, una mujer de largo cabello cobrizo como la Tohotaua de Gauguin, y que aún conserva rasgos de su esplendorosa belleza juvenil, tomó uno de los peces recién atrapados, le arrancó las vísceras con un movimiento certero y sin darle tiempo a buscar una excusa las depositó en la boca vacilante y fruncida de Mario. Recuperado del horror, nos miró a todos con los ojos iluminados de alguien que ha sobrevivido a la muerte y dictaminó con una seguridad alarmante: «Nunca he probado nada mejor».

Mientras todos lo observábamos esperando que empezara a cubrirse de ronchas alérgicas, un ejército de cocineros puso manos a la obra con el resto del asado. Horas más tarde, la gran

Tras el rastro de Gauguin.

Flauta maorí.

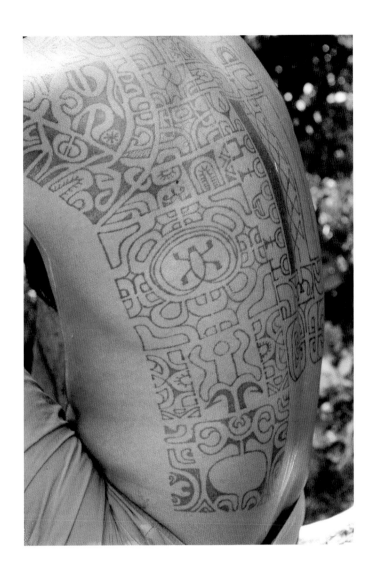

Mapas de tinta.

pachamanca maorí fue excavada en medio de una fabulosa nube de vapores aromáticos. Esta laboriosa obra de ingeniería culinaria fue indecorosamente consumida en cuestión de minutos. El silencio era sepulcral. Sólo las olas acompañaban los concentrados ritmos de nuestra digestión.

Esa misma tarde, engalanados con hermosos collares de semillas, nos fuimos de la isla. Sumidos en el sopor profundo de la digestión no tuvimos energía para sentir miedo cuando el mismo piloto vacilante que nos había traído, aparentemente enamorado otra vez de su azarosa profesión, entró en la cabina y cerró la puerta.

Niños y peces.

Preparativos para la última cena.

La última cena.

GAUGUIN EN EL PACÍFICO.
TAHITÍ

Lo primero que hizo Gauguin al instalarse en Tahití fue sentarse desnudo en la playa a contemplar el sol descendiendo sobre los cerros rojos de Morea, la isla vecina. Aún tenía la ilusión de ser un salvaje entre salvajes, de haber regresado en el tiempo hasta encontrar una inocencia edénica, saturada de una sensualidad sin complejos. Muy pronto —cuando el gendarme de turno lo amenazó con la cárcel si seguía bañándose desnudo— se dio cuenta de que había llegado demasiado tarde: Tahití era otro Paraíso Perdido.

Nosotros llegamos un siglo más tarde y la impresión fue la misma, sólo que ahora Gauguin, el salvaje rebelde de entonces, se había convertido en el santo patrón de la isla. Tahití y Gauguin son sinónimos. Sin embargo, muy pocos de sus habitantes conocen al verdadero Gauguin. El pintor ha desaparecido bajo capas geológicas de turismo rampante que han reducido su imagen a la de un producto. Y en cuanto al Paraíso, ahora es difícil encontrar incluso el edén imperfecto que vio el pintor.

Pero si uno logra alejarse de las cada vez más numerosas rutas turísticas y de los atascos de tráfico en las calles desafinadas de Papeete, todavía se puede encontrar una sombra de lo que fue Tahití antes de que desembarcaran los primeros marinos

Atardecer sobre Morea.

Pescadores al amanecer.

En la playa.

europeos. A las cinco de la tarde, cuando empieza a bajar el sol, las playas —negras, húmedas, hincadas de vegetación— se pueblan de barcas de pescadores y de laxos bañistas nativos. Ahora sólo los europeos —quienes paradójicamente importaron el pudor a las islas— se bañan desnudos. Sin embargo los tahitianos aún conservan una lánguida naturalidad que los otros perdieron para siempre hace muchos siglos.

De los sitios que frecuentó Gauguin queda muy poco. El desventurado barrio chino donde el pintor se sumergía en soporíficas olas de opio ha sido reemplazado por edificaciones asépticas y el puerto, con sus siete bares tupidos de marineros borrachos de ajenjo, ha dado paso a los barcos de crucero y a discotecas insípidas.

Pero el hospital donde los médicos trataban de aliviarle los pavorosos síntomas de la sífilis aún se conserva convertido ahora en clínica psiquiátrica. Y el mercado sigue idéntico. Una alta construcción decimonónica, de hierro y cristal, donde frutas exóticas y pescados multicolores conviven con baratijas orientales y salones de tatuaje. Gauguin menciona en sus textos cómo en las noches el edificio se convertía en el «mercado de la carne», donde los solitarios y lujuriosos oficiales franceses recogían

95

La hora mágica.

a las muchachitas nativas y donde Gauguin mismo consiguió a su primera mujer tahitiana, Titi, a la que Mario en su novela bautizó Pechitos.

Nosotros alcanzamos a imaginar el clima de sensualidad que se respiraba en el mercado de la carne y en los bailes del club militar durante una fiesta organizada en honor a Mario. Todo comenzó plácidamente con un grupo de mujeres coronadas con flores cantando las intrincadas polifonías de la isla. Pero después, ataviadas con trajes en los que lo típico convivía con un toque de Disneylandia, aparecieron unas bellísimas bailarinas ondulando sus caderas con sensualidad inquietante. Una de ellas, quizás la más bella, se acercó a Mario y lo sacó a bailar. Haciendo esfuerzos por mantener la dignidad intacta frente a un público inquisitorial, nuestro valiente escritor improvisó un híbrido de marinera y cumbia que de alguna manera logró acoplarse a los movimientos de la muchacha. Viendo que había sobrevivido ileso al gesto de gentileza, Mario fue soltándose, entrando en calor, tomándole gusto al baile hasta que con la cara iluminada exclamó: «Ahora sí entiendo a Gauguin».

Al día siguiente compensamos esos excesos lujuriosos con una visita al principal templo protestante de la isla. A pesar de

El escritor y las niñas.

El mercado.

«Ahora sí entiendo a Gauguin...»

Coro de mujeres maoríes.

Sombreros para la iglesia.

haber perdido su religión a manos de protestantes y católicos, los tahitianos han logrado infiltrar algo de su personalidad perdida en los nuevos ritos. Las mujeres, engalanadas con unos barrocos sombreros blancos, se distribuyen en grupos autónomos alrededor de la iglesia para cantar los bellos himnos escritos en maorí. Con tonos estridentes unas responden a las otras, y los hombres, casi todos de negro riguroso, les contestan con voces lúgubres y cavernosas. El efecto es hipnótico.

Esa noche dejamos la isla. Catorce horas hasta las costas de América y de ahí a Europa, donde el espejismo del Paraíso iba a tomar otra muy diferente forma.

GAUGUIN EN BRETAÑA

El refugio de Gauguin y sus discípulos, Le Pouldu.

Las costas de Bretaña —frías, borrascosas, austeras— fueron la última parada europea de Gauguin en su ansiosa búsqueda del Paraíso. Esta región francesa había resistido denodadamente las embestidas del progreso, aferrándose a sus costumbres milenarias, su dialecto áspero y sus arcanas formas de religiosidad. Era, para Gauguin, el último reducto de lo «primitivo» en Francia y por eso decidió establecerse allí con su corte de admiradores y discípulos.

Una réplica exacta de la Buvette de la Plage, el hostal de la bella Marie-Henry (conocida como María la Muñeca), en Le Pouldu, es testimonio tangible de la experimentación a la que Gauguin y sus amigos se dedicaban en aquellos días. Cuando el clima inhóspito de la zona los obligaba a refugiarse en la casona, los aburridos artistas se dedicaban a pintar el local. Gauguin y su gran amigo el holandés Jacob Meyer de Haan, amante de Marie-Henry, pintaron todas las superficies del comedor con imágenes de colores agresivos que proclamaban su rebeldía y su admiración por el arte de las culturas primitivas. Y es que el verdadero idioma pictórico de Gauguin se forjó en Bretaña. Allí salió de la sombra de su maestro Pissarro y abandonó el impresionismo.

La casa de María la Muñeca.

III

Capilla medieval, Trémalo.

El Cristo Amarillo de Trémalo.

Junto con Émile Bernard, su discípulo más joven y talentoso, descubrió las glorias del arte medieval bretón y decidió adaptarlas a su propio estilo. En la diminuta y lúgubre capilla de Trémalo, Gauguin encontró un Cristo de madera cuya ingenua simplicidad lo cautivó tanto que terminó incorporándolo a dos de sus pinturas más famosas, *El Cristo Amarillo* y *Autorretrato con Cristo Amarillo.* Y el calvario de piedra que se yergue al costado de la iglesia de Nizón le inspiró otra bella pintura religiosa, *El Cristo Verde.*

Pero fue en Pont-Aven y sus alrededores donde Gauguin realizó su mejor trabajo europeo. La pensión Gloanec, cuya dueña terminó convirtiéndose en la madrina de generaciones de pintores, era el cuartel general de Gauguin y sus camaradas, y fue allí donde el pintor fue ungido como líder absoluto de la vanguardia de la época.

Sin embargo, también fue en Bretaña donde Gauguin se desilusionó para siempre de Europa. Habiendo regresado de Tahití esperando una apoteosis que nunca ocurrió, el pintor decidió retirarse con su séquito a las costas bretonas en busca de paz y sosiego. La corte incluía a Ana la Javanesa, una diminuta muchacha de piel parda y ojos inquisitivos que se paseaba siempre

El Cristo Verde de Nizón.

Los paisajes de Gauguin.

El trágico paseo a Concarneau.

con un mono en el hombro que Vollard, su marchante, le había «regalado».

Un día, mientras caminaban por los muelles del pintoresco puerto amurallado de Concarneau, un corrillo de chiquillos, divertidos seguramente con la circense procesión, comenzó a arrojarles piedras. Alguno de ellos, irritado, cometió el disparate de devolver la agresión desatando la furia de los pescadores que a esa hora tomaban ajenjo en los bares del puerto. En la refriega que se desató a continuación, Gauguin sufrió la ruptura de una pierna, y esta fractura le dejó una cojera permanente y hondos dolores que lo acompañaron hasta el fin de sus días.

Para que la desgracia fuera completa, Ana, aprovechando la convalecencia de Gauguin, regresó a París y saqueó el estudio dejando tan sólo —humillación de humillaciones— las pinturas incomprensibles de su abandonado amante. Por su parte, la bella Marie-Henry sacó las uñas que había guardado hasta entonces y rehusó devolverle los cuadros que había dejado a su cuidado, aduciendo que con ellos había pagado los abusos a los que él había sometido su hospitalidad. Apenas unos meses más tarde, Gauguin dejó Europa para siempre.

EL CUARTEL GENERAL
EN PONT-AVEN

Ventana y bañera.

124

El estudio de Gauguin.

GAUGUIN Y VAN GOGH
EN ARLES

Así como Tahití es sinónimo de Gauguin, Arles le pertenece a Vincent van Gogh. Pero el destino de ambos pintores y gran parte de la imagen que todos tenemos de ellos está íntimamente ligado a su fatídico encuentro en esta bella ciudad romana.

Van Gogh, otro utopista, idolatraba a Gauguin y lo había estado acosando para que viajara a Arles y fundara con él el Estudio del Sur, una orden de pintores iluminados que cambiaría el mundo a través del arte. Gauguin, que tenía su propia receta para alcanzar el Paraíso, no creía mucho en ese monasterio artístico, pero Theo, el hermano de Vincent, convencido de que a su inestable hermano le convendría la compañía de un colega, lo sedujo con la promesa de una pensión.

Pero ese viaje forzado estaba destinado a fracasar. Gauguin llegó dispuesto a detestar Arles y, confrontado con las deprimentes costumbres culinarias e higiénicas de Van Gogh, y con su servilismo denigrante, muy pronto empezó a sentirse ahogado.

Arles era el polo opuesto de Bretaña. La arquitectura de la ciudad, con su espléndido circo romano, era grandiosa y antigua. El paisaje circundante, salpicado de largos abedules y álamos frondosos, carecía de relieve, y una estridente luz amarilla

Noche en el café del Forum.

Les Alyscamps, cementerio romano.

131

132

Los paisajes de Van Gogh.

lo hacía todo más vivo y al mismo tiempo menos real. Visto al lado del espíritu bretón, con su recóndita austeridad mística, el de Arles, adornado de ínfulas latinas, le parecía a Gauguin pintoresco y artificial.

Sin embargo, aunque Gauguin —inmerso ya en una pintura de la imaginación— descreía del contacto directo con la naturaleza, Vincent y él exploraron juntos los paisajes que circundan Arles. También visitaron Les Alyscamps, el apacible y áspero cementerio romano, y el café del Forum, amarillo, rojo y verde, que aún se conserva, y donde brindamos con Mario a la salud póstuma de los trágicos amigos. Fue en este café donde Gauguin anunció su irrevocable decisión de partir, desatando el ataque de locura que llevó a Vincent a cercenarse la oreja.

La sombra de este evento persiguió a Gauguin hasta el final de sus días. Muchos lo acusaron de provocar con su falta de sensibilidad el suicidio del holandés, y esto lo llevó a defenderse en cartas y escritos que paradójicamente sólo lograron avivar las sospechas de sus detractores. Los biógrafos de Gauguin aún siguen peleando esa batalla.

GAUGUIN Y FLORA
EN PARÍS

Es en París donde comienzan y de algún modo se entrecruzan las historias de Gauguin y Flora Tristán.

Fue allí donde Flora sufrió los abusos de su marido André Chazal, donde sobrevivió al atentado que éste —enloquecido de furia y de codicia— perpetró hacia ella y donde emprendió su lucha feroz contra las desigualdades sociales y las iniquidades cometidas contra las mujeres. No hay placa ni monumento que marque los lugares donde vivió, pero allí están, esperando ser descubiertos, con sus cicatrices ocultas y sus historias dormidas. Poco a poco Mario los fue desenterrando. En sus caminatas matutinas empezó a explorarlos, a familiarizarse con ellos, para hacerlos suyos y poder revivirlos —a un tiempo antiguos y permanentes— en la novela.

Fue así como un día, mientras miraba la fachada muda de la primera casa donde Flora vivió al regresar del Perú, la puerta se abrió lentamente dejando salir a una delicada muchacha sueca. Antes de que la cerrara nos abalanzamos sobre ella tratando de explicarle quién era Flora y por qué estábamos desesperados por ver lo que se ocultaba más allá del umbral.

Aterrada ante tanta efervescencia latina, la sueca parecía querer salir corriendo. Sin embargo, conmovida por nuestras

Amanecer en París.

La casa de Flora.

De aquí partió en busca del Paraíso.

París, donde comienzan y terminan todas las historias.

súplicas, nos dejó entrar. La casa tenía dos patios, uno pequeño e insípido y otro bastante más amplio donde un árbol milenario extendía su sombra sobre las blancas ventanas. En vano le preguntamos al afable conserje por los secretos de la casa. No había oído jamás hablar de Flora y nos fue imposible averiguar en cuál de los múltiples apartamentos había vivido. Sin embargo, en perfecto silencio, nos quedamos contemplando el patio, embriagados por la delicia silenciosa que siempre acosa al verdadero, al puro, al devoto fetichista.

La posteridad ha sido mucho más amable con Gauguin que con Flora. Una placa marca el lugar de su nacimiento y otra el del último taller que tuvo en París antes de viajar por primera vez a Tahití. También existe el edificio en que quedaba la Academia Colarossi, donde tomó sus únicas clases de pintura, y la Bolsa de París aún tiene su sede en el gigantesco edificio neoclásico donde Gauguin hizo su fortuna. No muy lejos de allí está la plaza Saint-Georges, donde Gauguin se estableció con Mette, rodeado del esplendor burgués que muy pronto iba a desechar para arrojarse a los mendicantes laberintos de la pintura.

Habiendo conocido el aventurero e indigente final de Gauguin, es difícil creer que el pintor fuera alguna vez un próspero

Los Miserables de Flora.

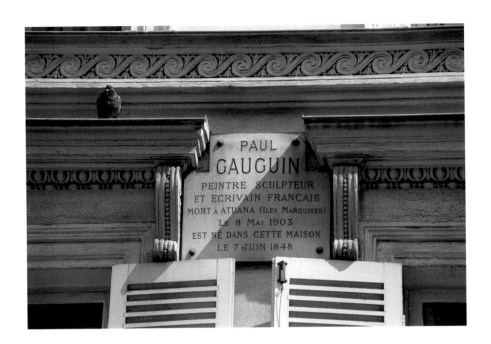

La Bolsa, la Iglesia y el Pintor.
Gauguin el burgués.

corredor de Bolsa cuya devoción a la pintura era puramente dominical. Pero en sus días mozos así lo fue y hubiese seguido siéndolo si una violenta crisis del mercado no hubiera intervenido a favor del arte.

Ni Gauguin ni Flora realmente pertenecen a París. La ciudad conserva sus huellas pero sus espíritus están desperdigados por otras partes. Ambos, desilusionados, salieron de allí buscando el Paraíso que siempre los estaba esperando —agazapado, escurridizo, inalcanzable— a la vuelta de la esquina.

La casa de Mette Gauguin.

El sueño.

Nevermore.
(Nunca más.)

GAUGUIN Y FLORA
EN LIMA

Casa de Gauguin niño, Lima.

El Perú fue fundamental tanto para Flora como para Gauguin.

El pintor solía decir a quien quería escucharle que él era un salvaje peruano y la influencia del arte prehispánico siempre estuvo presente en su obra de una manera u otra.

Cuando tenía un año, Gauguin repitió con su madre el viaje que Flora había hecho mucho antes, pero en vez de establecerse en Arequipa continuaron hasta Lima. Una de las dos casas donde vivió, arrasada por el tiempo y el descuido, todavía está en pie. En uno de sus cuartitos vive un pintor nonagenario y excéntrico que sobrevive pintando copias primitivas de cuadros de la escuela cuzqueña. Gauguin aprobaría.

Muchos años después, mientras se pudría lentamente en Tahití y las Marquesas, el pintor habría de rememorar con clarividente lucidez aquella casa, los grifos de la Plaza de Armas, los largos balcones y los juegos infantiles de los que gozaba con sus innumerables primos. También recordaría a su madre trajeada como las famosas tapadas limeñas, que cubrían sus cabezas con un manto negro dejando al descubierto tan sólo un ojo omnipotente y seductor.

Flora, que pasó brevemente por Lima durante su viaje de regreso a Europa, curiosamente vio en las tapadas el símbolo de la

El guardián de los recuerdos.

Antiguo puerto del Callao.

mujer futura, libre e irreconocible bajo su manto. Desde allí, según ella, agazapadas y anónimas, controlaban a los hombres, los cuales nunca podían descifrar ni sus identidades ni sus secretas intenciones.

Pero fue Arequipa, la hermosa ciudad de volcanes y terremotos donde coincidentemente también nació Mario, la que moldeó el carácter de Flora.

Después de un azaroso viaje transatlántico en el que la atormentó un mareo continuo, Flora desembarcó en la villa de Islay, bautizada así en homenaje a la inhóspita isla escocesa famosa por su whisky cargado de humo y yodo.

En aquella época Islay era un floreciente puerto que servía de parada entre Valparaíso y Lima. Hoy, tras ser devastada por el fuego, es tan sólo una gran ruina desolada, pero aún, entre las piedras volcánicas, se encuentran centenarios fragmentos de loza cocida en los hornos industriales de Manchester y Londres. A su costado ha emergido un fondeadero rudimentario en el que barcazas vistosas se disputan con niños y lobos marinos los placeres de un mar sucio de residuos industriales.

Desde Islay, Flora partió a lomo de mula hacia Arequipa. Para llegar allá tenía que cruzar un desierto brutal en el que los

Islay después del fuego.

Barcazas en Islay.

A la orilla del mar.

cadáveres de animales desguazados por aves de carroña alternaban con las fúnebres cruces que marcaban los lugares donde habían caído viajeros menos afortunados que ella. Arenales lunares donde las mulas se atascaban bajo el peso de los baúles alternaban con riscos empinados y arteros circundados de abismos.

Vencida por el cansancio y el miedo a la muerte, Flora cayó gravemente enferma. Sus acompañantes la llevaron a una posada remota donde los estertores febriles fueron empeorados por los ataques voraces de las pulgas. Cuando una noche escuchó que sus compañeros habían decidido dejarla atrás por miedo a que muriera durante el viaje, sacó fuerzas de donde pudo y montó en su mula. Era tanto su terror a morir en la mitad de la nada que sus energías retornaron poco a poco, y su angustia se convirtió en dicha al ver a lo lejos la blanca ciudad de piedra enmarcada por sus tres volcanes tutelares.

Venía a reclamar una herencia que le correspondía por ser sola heredera de su padre. Pero su tío Pío Tristán, un hombre avaro y voluble, se la negó aduciendo que el matrimonio de su hermano no era válido, y que por consiguiente ella, como hija natural, no tenía derecho a nada. Esa injusticia esencial fue

Cruz en el desierto.

la que despertó en Flora aquel resentimiento oscuro pero vital que la impulsó a convertirse en adalid del cambio social.

Durante su estancia en Arequipa Flora oyó una historia que de allí en adelante utilizaría como ejemplo de la esclavitud a la que eran impunemente sometidas las mujeres de su tiempo. Manuela Dominga, una prima suya, más conocida como la monja Gutiérrez, había sido enclaustrada desde niña en uno de los magníficos conventos de la ciudad. Después de años de encierro, urdió un plan macabro para fugarse: con la colaboración de las porteras del convento logró hacerse con el cadáver de una india, y habiéndolo introducido subrepticiamente en su celda, le prendió fuego para simular un incendio. Las cenizas fueron enterradas y los ecos de la tragedia alcanzaron Lima. La monja Gutiérrez quedó libre al fin.

Pero no sabiendo adónde ir, decidió buscar refugio en la casa de unos familiares. Sin embargo éstos, espantados, la denunciaron a las autoridades y desde aquel día Dominga fue excomulgada, estigmatizada por la sociedad entera y desheredada por sus padres.

A Flora también le tocó sufrir en carne propia los desastres naturales y las conmociones intestinas que han caracterizado la historia de nuestro continente.

FLORA EN AREQUIPA

Una de las múltiples guerras civiles peruanas del siglo XIX estalló durante su estadía en Arequipa. Flora tuvo que refugiarse varios días en el sereno y colorido convento de Santa Catalina, mientras las tropas enemigas se amasaban en los alrededores. Cuando la batalla comenzó pudo observarla, como quien mira un elegante ejercicio ecuestre, primero desde el techo de la casa de su tío y después desde los altos campanarios del convento. Flora jamás olvidaría la farsa en que concluyó la batalla, cuando ambos generales, convencidos de que habían perdido, huyeron en direcciones contrarias.

Una noche, mientras dormía sin paz en la casa de su tío, la despertó un tremor hondo y lúgubre que parecía provenir de sus propias entrañas. Temblaba. Flora nunca había sentido un sismo en su vida y su horror fue nítido y perfecto. Muchos edificios de Arequipa se vinieron abajo y algunas poblaciones vecinas quedaron reducidas a escombros.

Cuando, durante nuestra investigación, visitamos la ciudad, ésta todavía se estaba recuperando de uno de sus periódicos terremotos. La catedral había sido cubierta con los mismos andamios de madera que se han usado durante siglos para sostener —afeando lo menos posible— esas torres imperiosas que amenazan con caerse después de cada sismo.

Silencio en el convento.

Feligreses en Santa Catalina.

Claustros en Santa Catalina.

Flora entre las monjas.

A través de la ventana.

Cruzando el umbral.

La cocina del convento.

174

Casa arequipeña.

A su regreso a Europa, Flora pasó al papel sus experiencias peruanas en su libro más célebre, *Peregrinaciones de una paria,* que la haría famosa entre los círculos intelectuales franceses y odiada en los peruanos. Aunque en Arequipa hoy se puede ver una placa que marca el lugar donde vivió, el libro fue quemado en la plaza pública por don Pío, que, humillado ante el mundo entero, le revocó la pensión «caritativa» que le había dado a cambio de la herencia.

Una capilla doméstica, Arequipa.

Después del terremoto.

FLORA EN LONDRES

El Diario de Flora.

En época de Flora, Londres era la ciudad más importante y aterradora del mundo. La brusca explosión de la Revolución Industrial había desatado una ola de miseria sin precedentes y forzado a sectores enteros de la población a vivir en condiciones infrahumanas. Cubierta por una tóxica nube de azufre, Londres era un nido de delincuentes, y según algunos expertos llegó a tener hasta cien mil prostitutas activas. Mientras tanto, la elite industrial vivía en suntuosos palacios construidos a costa de la desgracia ajena, y sus líderes se reunían en los muy elegantes Clubes de Caballeros —instituciones reaccionarias y misóginas que subsisten todavía—, a los que Flora tuvo que entrar, como al Parlamento, disfrazada de hombre.

Es posible que Flora hubiese estado empleada algún tiempo como doméstica en Londres y fue quizás durante ese periodo que desarrolló el odio luciferino (y no inmune al rencor chauvinista) por la ciudad que tan mal la había tratado. En su *Diario de Londres,* con un tono lúcido pero a menudo envenenado, se dedica a diseccionar los oprobios que presenció allí, pero también a exaltar la resistencia organizada de los obreros ingleses, especialmente los cartistas o peticionarios, que se reunían en secreto en un antiguo pub de Londres.

185

Londres con sol.

El pub.

Ese bar desdichadamente ha sido reemplazado por una aséptica tienda de comida rápida, pero a su costado hay otro, muy similar, que ha estado en pie desde 1667. Oscuro y laberíntico, con escaleras crujientes que conducen a comedores cuyas mesas están aisladas entre sí por paneles de caoba negra, el pub ha visto entrar y salir a generaciones de clientes ilustres.

Nunca en todos nuestros viajes de investigación, ni siquiera en Tahití o en las Marquesas, vi a Mario tan contento. Cuando descubrimos —incrustadas en los espaldares de las bancas donde se sentaban él y Patricia— dos pequeñas placas metálicas que anunciaban que aquéllos habían sido los sitios favoritos de Dickens y Samuel Johnson, la felicidad de Mario alcanzó tales paroxismos de dicha literaria, que, entre brindis de cerveza negra a la gloria de esos dos insignes ancestros literarios, se devoró en un santiamén un *steak and kideney pie,* de proporciones..., bueno, dickensianas.

Club de Caballeros.

EL ÚLTIMO VIAJE DE FLORA

Flora, sin saberlo, estaba ya enferma de muerte cuando emprendió una gira por Francia con el propósito de diseminar las teorías contenidas en La Unión Obrera, su Suma Ideológica.

En barco y diligencia, pero con ritmo frenético y agotador, recorrió más de una docena de ciudades haciendo arengas públicas, reuniéndose con curas y obispos para convencerlos de que la lucha por la igualdad no era una forma soterrada y peligrosa del ateísmo, denunciando la mendicidad y la prostitución, persuadiendo a obreros de la necesidad de que las mujeres y no sólo los hombres pudieran tener acceso a la igualdad política y social.

A medida que avanzaba, seguía encontrando nuevas y más crueles formas de opresión. Desde la ventana de su hotel en Nîmes, por ejemplo, había visto cómo las lavanderas, hundidas hasta la cintura en torrentes de agua envenenada por tinturas tóxicas, se iban hinchando como sapos, mientras sus pieles, desleídas por la humedad, adquirían manchas de eczema sanguinolento.

En Marsella comprobó con furia cómo los trabajadores, dada la oportunidad, también estaban dispuestos a explotar

Las lavanderías de Nîmes.

a aquellos en dificultades. Una noche, mientras visitaba el puerto, observó cómo una mujer embarazada trabajaba, por una miseria, ayudando a descargar un barco. La pobre mujer aguantó como pudo el peso de los enormes bultos para, concluida la tarea, recibir sólo la mitad de lo que se le había prometido. Flora, encolerizada, se enfrentó al embaucador, quien, mirándola como a una loca, le dio la espalda sin decir palabra.

Abatida por esos golpes, a lo largo del viaje y a pesar de breves destellos de triunfo, una sensación de derrota y desamparo la embargaba con frecuencia. Ese Paraíso, tan claro en su mente, parecía deshacerse frente a la masa reacia y conflictiva de los obreros, ante sus preguntas miopes y sus reparos egoístas.

En Burdeos su cuerpo no resistió más. En uno de los palcos del Gran Teatro, mientras asistía a un concierto orquestal dirigido por la figura magnética y extravagante de Franz Liszt, calló desmayada.

Ese desfallecimiento operático es la sustancia de la cual se nutren las novelas, y Mario, con toda la razón, estaba ansioso de conocer el interior del teatro. Pero en un país de burocracia pertinaz como es Francia nada resulta fácil, especialmente un domingo.

La iglesia y el mendigo.

El encargado del teatro conocía el nombre de Mario pero no su cara. Aterrado ante la posibilidad de perder su trabajo por dejar entrar en el sacro recinto a un ingenioso simulador, nos pidió, ruborizado hasta las pantorrillas, una prueba de identidad. El pasaporte se había quedado en el hotel. Compramos una copia de *La Fiesta del Chivo,* y se la entregamos con solemnidad, pero cuál no sería nuestro desconcierto cuando nos dimos cuenta de que la solapa tampoco tenía la foto del autor.

El muchacho, cada vez más avergonzado ante nuestros laberínticos pero fallidos esfuerzos, ya había adquirido una coloración carmesí, tanto que, preocupados por su salud, estuvimos a punto de desistir. Pero él, en un esfuerzo conciliatorio, extendió el libro y le pidió a Mario que se lo firmara. Mario lo hizo con gusto. Sin embargo, aún hoy, el muchacho debe conservar la duda de si realmente fue Mario Vargas Llosa quien violó las reglas seculares de su teatro. Al fin de cuentas, una firma cualquiera la puede forjar.

El caso es que pudimos entrar a la sala, con su espléndida cúpula pintada al fresco, e imaginar dónde había caído Flora vencida por la fatídica enfermedad.

Veleros en el puerto de Marsella.

Lo que sabemos es que unos admiradores suyos, los esposos Lemonnier, a quienes ella vagamente conocía, la acomodaron en su casa. Varios doctores fueron a examinarla y ninguno coincidió en el diagnóstico pero sí en lo grave de su condición. Poco a poco Flora se fue apagando hasta que, el 12 de noviembre de 1844, perdió la conciencia y nunca volvió a despertar.

Su cuerpo está enterrado en el cementerio de la Cartuja en Burdeos. En 1848, el año en que nació Gauguin, ocho mil obreros venidos de todos los rincones de Francia se reunieron para develar un monumento en su honor, construido por suscripción pública. Sin embargo, pocos años después y al contrario de su nieto, Flora desapareció casi por completo de la faz de la historia. Esperemos que ahora tenga una segunda oportunidad.

Noche en el Gran Teatro, Burdeos.

El espíritu de Flora.

Muerte en Burdeos.

Funerales.

Flores sobre la tumba.

El fin.

Este libro
se terminó de imprimir
en los Talleres Gráficos
de Palgraphic, S. A.
Humanes, Madrid (España)
en el mes de marzo de 2003